VITA E MIRACOLI
DI S. CARLO BORROMEO

ADESSO POTRAI
SAPERE TUTTO SUI
"QUADRONI DI S. CARLO!"

NINO
ISABELLA

MILANO 26/12/2001

Ernesto Brivio

Vita e miracoli di S. Carlo Borromeo

Itinerario pittorico nel Duomo di Milano

NED
Nuove Edizioni Duomo

Veneranda
Fabbrica del Duomo di Milano

ISBN 88-7023-212-3

In copertina:

L'esposizione in Duomo dei quadroni di S. Carlo.

In IV di copertina:

Ritratto di S. Carlo Borromeo,
di Giovanni Battista Crespi detto "il Cerano" (1610),
conservato sopra l'urna del Santo nello "scurolo".

NED - Nuove Edizioni Duomo soc. coop. a r. l.
20122 Milano - P.zza Duomo 16 (tel. 86.00.84)

Veneranda Fabbrica del Duomo di Milano
20122 Milano - Via Arcivescovado 1 (tel. 72.02.26.56)

Tra le opere commissionate dalle Autorità milanesi - Arcivescovi, Duchi, Consiglio della Fabbrica... - ad artisti di ogni tempo perché contribuissero con i loro lavori a rendere il Duomo tempio più degno di Dio e monumento d'arte d'insigne bellezza, meritano un particolarissimo rilievo i "quadroni di san Carlo". Un ciclo pittorico del primo Seicento, considerato tra i più imponenti e suggestivi, voluto dal card. Federico Borromeo per onorare la memoria del cugino san Carlo, di cui fu discepolo fedele e devoto emulo. Sono note la stima e l'amore del card. Federico per l'arte sacra e le discipline umanistiche e il desiderio che il suo clero nella decorazione degli edifici sacri seguisse fedelmente le norme da lui indicate nel suo volumetto *De pictura sacra*.

Fedele interprete delle sue direttive fu il canonico del Duomo Alessandro Mazenta - ricordato anche dal Manzoni nel suo romanzo -; fu proprio lui a presiedere la Commissione incaricata dalla Veneranda Fabbrica di elaborare il progetto del grande ciclo pittorico che doveva illustrare episodi e miracoli della vita di san Carlo. Vennero chiamati a prestare la loro opera i pittori lombardi più celebri del tempo (Cerano, Duchino, Fiammenghino, Morazzone...). I primi "quadroni" vennero esposti in Duomo all'ammirazione dei fedeli tra il 1602 e il 1604; altri se ne aggiunsero nel corso del Seicento. D'allora, pressoché ogni anno, i Milanesi, in occasione della festa di san Carlo, poterono contemplare, sospese tra le colonne della navata centrale e del transetto, i grandi dipinti, documenti di pietà e di fede, fino a che i complessi lavori di restauro ne impedirono l'esposizione.

È indubbio merito della Veneranda Fabbrica l'aver ripreso da qualche anno la mirabile tradizione di mostrare le antiche tele, collocandole in modo più ordinato, sicuro ed elegante, così da facilitare ai visitatori del Duomo, "il godimento e la comprensione del singolare ciclo pittorico".

In particolare, degna di riconoscimento è l'opera dell'architetto Ernesto Brivio, da molti anni archivista della Fabbrica, che, con vigile e attenta cura, ha saputo valorizzare il patrimonio artistico del Duomo e renderlo fruibile a un sempre più largo numero di visitatori. Lo attestano anche queste pagine, stese con passione e competenza, in cui di ogni quadro del monumentale ciclo vengono puntualmente e sistematicamente indicati il fatto che lo ha ispirato, la descrizione della scena rappresentata nonché le caratteristiche dello stile pittorico.

La Fabbrica del Duomo e la NED hanno voluto pubblicare in elegante edizione questo lavoro per soddisfare l'esigenza dei fedeli e dei turisti che, dopo aver ammirato i "quadroni", desiderano conservarne viva la memoria e mantenere desta nel loro animo la devozione a san Carlo.

L'Arciprete del Duomo
mons. Angelo Majo

L'ESPOSIZIONE IN DUOMO DELLE GRANDI TELE DELLA "VITA" E DEI "MIRACOLI" DI SAN CARLO BORROMEO

Hanno propiziato questa pubblicazione la favorevole accoglienza e il grande interesse suscitati nel novembre 1994, quando per iniziativa della Veneranda Fabbrica del Duomo i quadri dei Miracoli *vennero appesi sotto i teleri della* Vita *di san Carlo, rendendoli finalmente visibili e creando un ancor più suggestivo colpo d'occhio. L'intento è di offrire una sorta di guida artistica al duplice ciclo pittorico e di guida spirituale alla conoscenza delle opere e della vita di un grande santo milanese, che fu arcivescovo della Chiesa Ambrosiana, segnando una delle stagioni più luminose della sua storia: il cardinale Carlo Borromeo.*

Ci fu un tempo, forse all'inizio - ma più che un fatto documentato è una sperata ipotesi -, che le due serie di dipinti erano state collocate l'una sotto l'altra. Ma da tempo immemorabile i quadri dei Miracoli *venivano esposti appesi sul retro di quelli, assai più grandi, della* Vita*; con il risultato che, affacciati sulla navata mediana, sia per la loro altezza da terra sia per l'oscurità dell'ambiente, se ne avvertiva appena la presenza, ma non se ne rendeva possibile la visione.*

Dopo le varie migliorie tecnologiche adottate in questi ultimi anni per facilitare, sveltire e posizionare con le massime garanzie di salvaguardia le 52 grandi tele, ecco finalmente la loro unitaria collocazione. Anche l'abolizione di ogni apparato (drappi, frange...) ha giovato a dar risalto e dignità d'arte alle opere dei maestri lombardi del primo Seicento, mentre le contenute e non distraenti didascalie, di piccole dimensioni per non turbare l'austerità dell'architettura ma a portata della vista di tutti, hanno facilitato il godimento e la comprensione del singolare ciclo pittorico.

Tra i suoi molti primati, il Duomo di Milano annovera il primo grande ciclo di pittura devozionale e, nello stesso tempo, l'unica cospicua serie del genere rimasta dopo quattro secoli ancora unitaria: si tratta dei "teleri" della Vita del beato Carlo *e dei* Miracoli di san Carlo Borromeo. *Altri cicli famosi creati successivamente, soprattutto spagnoli, sono stati in buona parte dispersi tra chiese e musei e non adempiono più alla loro destinazione originaria.*

S'è detto ciclo di pittura devozionale: i dipinti, infatti, sono nati, e lo rimangono tuttora, quale espressione della riconoscenza del popolo milanese e lombardo per l'opera pastorale, svolta fino al sacrificio di sé, del santo Arcivescovo e costruita sulla promozione e difesa del più debole, sull'illuminato magistero, sull'irreprensibile disciplina e rigore teologico che hanno caratterizzato i diciannove ani (1565-1584) della permanenza a Milano del Borromeo sulla cattedra che fu di Ambrogio, cui, alla morte, sarà associato come compatrono della diocesi milanese.

Lo comprova l'annuale evento dell'esposizione del ciclo pittorico tra i piloni del Duomo, lungo le navate centrali del corpo della chiesa e del transetto.

Le due sequenze del ciclo nascono a breve distanza l'una dall'altra.

La prima, quella dei teleri della Vita del beato Carlo, *venne programmata e attuata, per celebrare la beatificazione dell'Arcivescovo di Milano avvenuta il 4 novembre 1602, con un nucleo iniziale di 20 dipinti eseguito tra il 1602 e il 1604. L'iniziativa e le spese furono a carico esclusivo della Veneranda Fabbrica del Duomo - anche questo fatto unico ed esemplare nella storia della Chiesa -, ma le indicazioni del programma iconografico furono date dal card. Federigo Borromeo. Questi raccolse l'eredità pastorale del cugino Carlo, proseguendola nell'opera intrapresa di attuare la Riforma cattolica, nata dal Concilio di Trento, con particolare impegno per quanto riguardava la cultura e la funzione dell'arte sacra.*

Fondatore della Biblioteca e dell'Accademia Ambrosiana, il cardinale diede una precisa impronta al ciclo dei teleri, affidando ad essi la messa in pratica dei canoni che egli aveva espresso nel "De pictura sacra"; secondo questi nuovi indirizzi, l'arte doveva esprimere l'affezione del cuore umano, eccitandone i sentimenti di riconoscenza, di imitazione e di elevazione spirituale, riconducendo l'accademico concetto di "decoro" al servizio della rappresentazione storica degli eventi.

Fedele ed intelligente interprete di questa nuova filosofia dell'arte sacra presso la committenza - la Veneranda Fabbrica - fu il canonico del Duomo Alessandro Mazenta, al quale Federigo affidò la propria rappresentanza. Fu una collaborazione felice che diede il risultato da noi ancor oggi ammirato.

Malgrado il divario di valore degli artisti chiamati all'impresa (dall'alto livello del Cerano all'onesto artigianato del Buzzi e del Pellegrini), la sequenza dei quadroni con l'accurata scelta degli episodi, ciascuno con i suggerimenti iconografici, cronistici e di costume, costituisce di per sé il racconto visivo della santa vita di Carlo Borromeo: era un modo, fino ad allora inedito, per far conoscere a tutto il popolo i motivi della santità del loro Arcivescovo e per sollecitarne l'interesse e l'entusiasmo, anche allo scopo di premere sulle prudenti remore e resistenze della Curia pontificia.

Il 16 settembre 1602 venne costituita dal Capitolo della Veneranda Fabbrica una speciale commissione (allora detta "Provincia") che attendesse, sotto la presidenza del Mazenta, al progetto e alla realizzazione dei venti grandi teleri della Vita, *(m 6,00 x 4,75), dipinti "a guazzo" (tempera forte), mentre contemporaneamente si susseguivano a Roma istanze ecclesiastiche e laiche per l'immediato avvio della causa di canonizzazione del Beato.*

Come attestano i 19 bozzetti conservati nella Villa Borromeo d'Adda di Senago, concordemente attribuiti a Giovan Battista Crespi, detto il Cerano, questo maestro del maturo manierismo lombardo è l'ispiratore del ciclo originario. Dei 20 teleri, che in occasione della festività del Beato, 4 novembre, vennero man mano esposti in Duomo tra il 1602 e il 1604, il Cerano ne realizzò quattro: cinque sono opera di Camillo Landriani, detto il Duchino, cui si devono aggiungere i due dipinti in collaborazione con Pier Francesco Mazzucchelli, detto il Morazzone; quattro sono di Giovan Battista della Rovere, detto il Fiammenghino, autore con il fratello Gian Mauro di un quinto telero; due quadroni sono stati eseguiti da Carlo Buzzi, mentre Domenico Pellegrini e Carlo Antonio Procaccini ne dipinsero uno ciascuno.

La destinazione dichiaratamente popolare dei quadroni non li affrancherà del tutto dal tono celebrativo che, comunque, era loro proprio, anche se esso, in molte opere, risulterà attenuato dall'apporto della rappresentazione minuta, a volte dura, della realtà d'ogni giorno, in sintonia con il carattere dell'arte lombarda, sempre incline all'attenzione verso la quotidianità delle umane vicende, narrate con un naturalismo sincero e schivo.

Non c'è dubbio che il ciclo, sia per la sua sostanza pittorica e compositiva sia per la sua destinazione (le tele sono appese tra i piloni del Duomo solamente per un breve periodo attorno alla festività di san Carlo), risenta di una certa teatralità. Ciò non deve stupire, perché proprio la liturgia, nata del Concilio di Trento, e la sua ambientazione architettonico-funzionale, voluta dal Beato nel Duomo di Milano, ebbero a conferire alla cattedrale ambrosiana il ruolo di "teatro sacro". Una definizione che, lungi dal profanarne il ruolo, accentua la valenza religiosa dei riti liturgici, nei quali, accanto alla celebrazione dei divini misteri, tutto l'uomo credente era chiamato a rendere lode e gloria al Signore, partecipandovi con la coralità delle opere dovute alla propria creatività, di qualsiasi tecnica e materia fossero, come ben dimostra la ricchezza del presbiterio carliano del Duomo.

La Vita del beato Carlo *fu successivamente completata da altri otto teleri, eseguiti all'incirca tra il 1660 e il 1740. Due di questi, celebranti la* Nascita *e la* Gloria *del Santo - e che pertanto avrebbero dovuto aprire e concludere il ciclo espositivo - per il loro carattere di aulica invenzione, assolutamente non in sintonia con il tono narrativo e testimoniale dell'insieme, sono stati stabilmente collocati, nella riforma del presbiterio operata nel 1986, ad ornamento delle funzionali casse lignee degli organi recuperati dall'alto delle sacrestie e poste in continuità con quelle sontuose dei grandi organi cinquecenteschi.*

Questi ultimi otto quadroni, per lo più influenzati dal gusto secentesco e sovente con gli episodi compaginati nelle tipiche prospettive care alle "quadrature" barocche, furono affidati ad altrettanti pittori, due dei quali anonimi.

L'altra serie, conosciuta come quella dei Miracoli di san Carlo Borromeo, *può essere ritenuta il completamento milanese dei grandiosi apparati che la Veneranda Fabbrica si impegnò ad allestire a Roma, in San Pietro, con delibera del 10 settembre 1609, assumendosene il totale carico ammontante all'enorme cifra di 35.000 scudi-oro. Le due iniziative furono affidate alla collaudata commissione di Provinciali presieduta dall'abile canonico Mazenta.*

A Milano nascono e in gran parte vengono eseguiti gli elementi della grandiosa scenografia da impiantarsi sotto la cupola michelangiolesca e sulla controfacciata di San Pietro. I migliori artisti lombardi, guidati dal Cerano, con la collaborazione di Giulio Cesare e Camillo Procaccini e del Duchino, lavorano per poco più di un anno con tale fervore e bravura da stupire tutti, tanto che il pontefice Paolo V ebbe ad esclamare: "Roma non saprebbe fare cose simili". Davvero meritavano questo complimento la bellezza e la ricchezza delle scenografiche architetture, dei gonfaloni, dei quadri, della numerosa serie di preziosi paramenti e addobbi, dei quali rimane, unica ma sufficiente testimonianza, il paliotto eseguito per l'altare maggiore del Duomo, ora esposto al Museo della cattedrale; in questo apparato, rivelano la loro bravura il Cerano, che ne disegnò il cartone, Antonia Ludovica Pellegrini che ricamò in seta policroma "a punta d'ago" il medaglione con il Santo, e Pompeo Berluscone, il ricamatore che ne eseguì il complesso decoro usando galloni e passamanerie d'oro fino e d'argento, nelle tonalità lucido, opaco e a cannottiglia.

Tre giorni dopo la canonizzazione in San Pietro (1 novembre 1610), alla presenza di 36 cardinali e 46 vescovi, per il solenne pontificale della festività carliana vennero esposti in Duomo, oltre ai 20 teleri della Vita, *i 24 nuovi quadri (m 3,60 x 2,40) dei* Miracoli.

Su tutti emergono, ancora una volta, i sei dipinti affidati al Cerano, cui si possono accostare, anche se ad un gradino più sotto, i sei dovuti a Giulio Cesare Procaccini. Di buona mano le cinque temperie Duchino (una sesta, dallo stesso dipinta, andrà successivamente smarrita); il mediocre Carlo Buzzi ne confezionò tre e una il Vaiani; ultime ad essere eseguite, le due pagate a Giorgio Noyers.

Le tele dei Miracoli, *nella composizione come nel colore, appaiono meno celebrative di quelle della* Vita. *I sentimenti che hanno guidato gli artisti in questa loro seconda fatica non si sono mai espressi, tranne che nelle opere più tarde, in modo accademico; essi hanno voluto sovente affidare ai loro dipinti il compito di* ex voto: *qui la pittura si fa silenzio e preghiera o prorompe in grida e invocazioni o si sublima in stupore e venerazione, ma sempre esprime la gratitudine dei beneficiati.*

Sono i sentimenti stessi che il popolo fedele provava nei confronti del "suo" Arcivescovo, *l'uomo e il santo che condivise e visse tutte le sofferenze della sua gente. Anche le scene di malattie e di situazioni che possono apparire ripugnanti sono filtrate da un alto senso religioso della vita; il male fisico vi appare come un fatto semplicemente naturale, frutto della carne dell'uomo indebolita dal peccato d'origine, una debolezza che il Signore, per l'intercessione del Santo, risana operando il rinnovamento della natura che solo a Lui, il Creatore, è possibile.*

Ernesto Brivio

ITINERARIO PITTORICO

NUMERAZIONE DEI DIPINTI SECONDO L'ITINERARIO PITTORICO

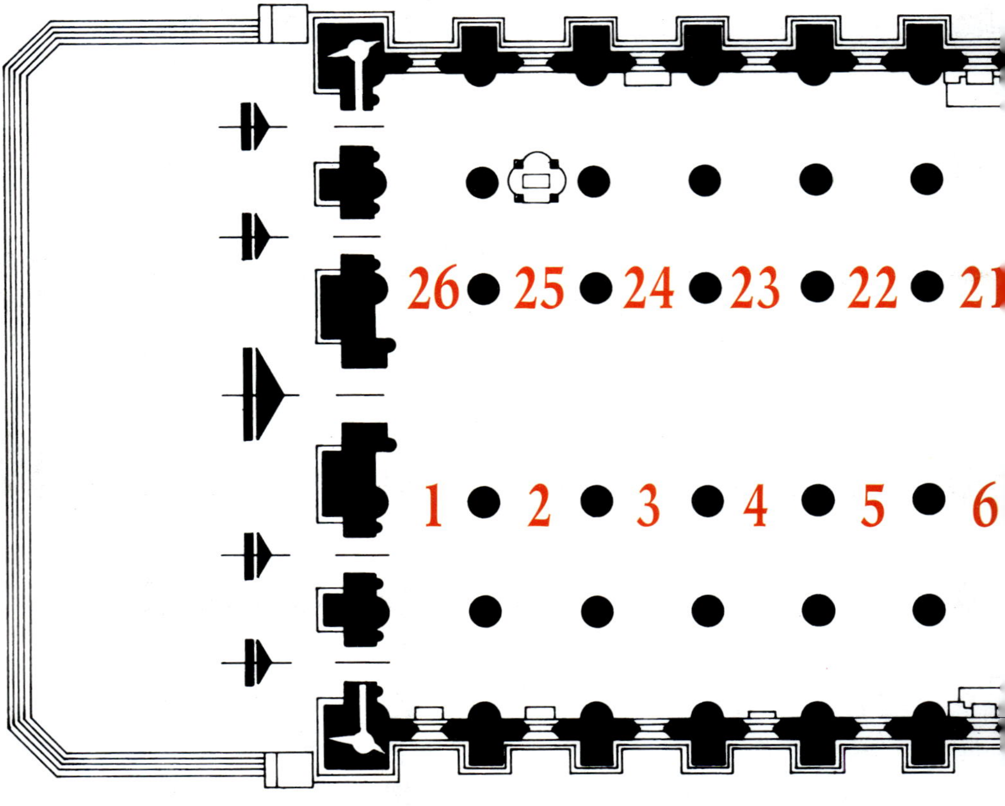

PIANTA DEL DUOMO DI MILANO

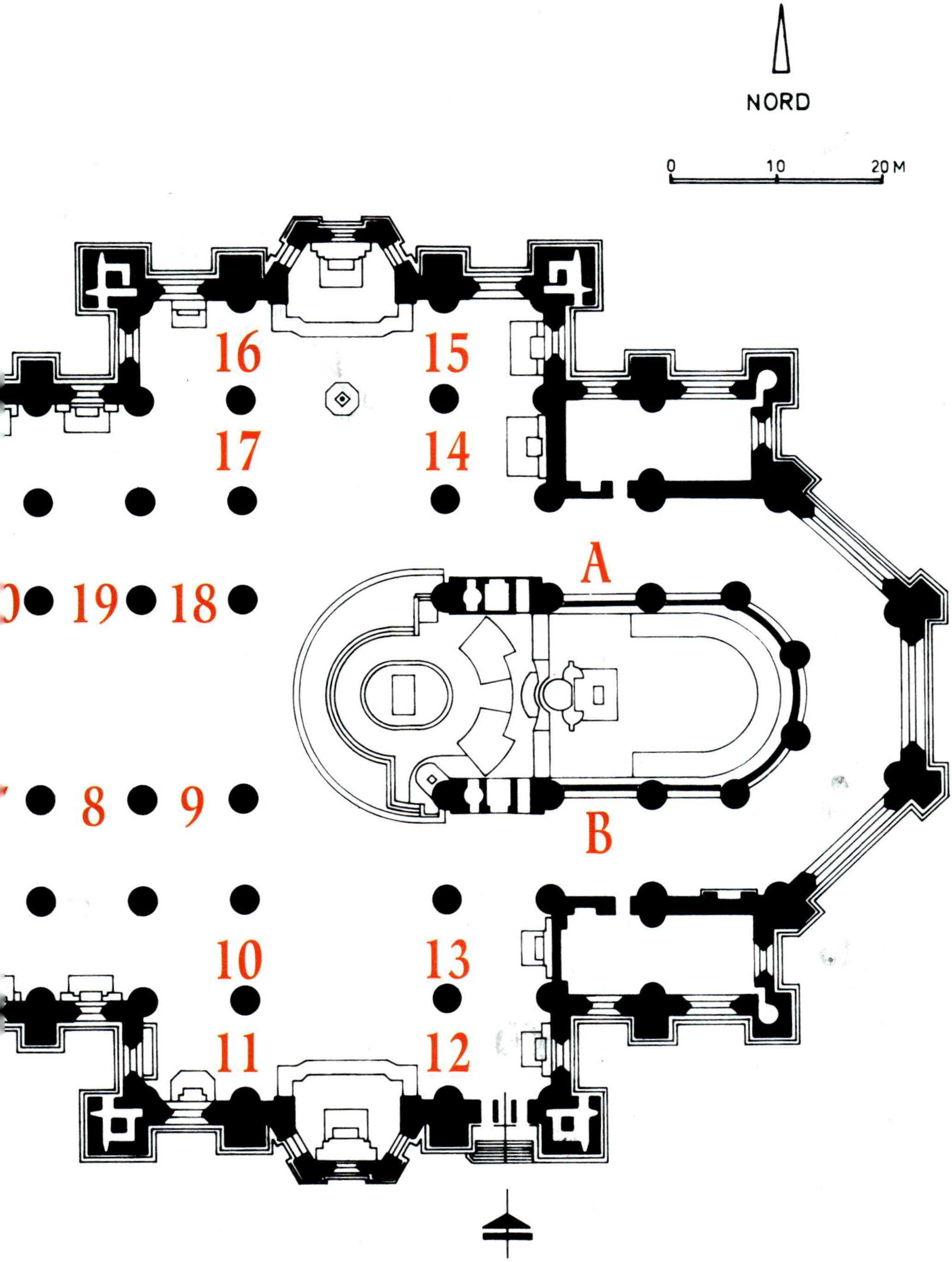
NORD
0
10
20 M
16
15
17
14
19
18
A
8
9
B
10
13
11
12

1

APPENA CREATO ABATE DISTRIBUISCE AI POVERI LE SUE ENTRATE

(dipinto di Giorgio Bonola - circa 1681)

Il fatto

Ancora fanciullo, Carlo fu iscritto dal padre, Conte Gilberto Borromeo, nella "milizia Clericale vestendolo da Prete", come scrive il Giussano; quando nel 1545 lo zio Conte Giulio Cesare Borromeo rinunciò a favore del nipote alla Commenda della Abbazia dei Santi Gratiniano e Felino, vicino ad Arona, fonte di generose rendite, il piccolo Carlo, incline com'era alla pietà e alla misericordia, decise di devolvere quelle rendite ai poveri, suscitando la commozione e il consenso del padre.

Il dipinto

Con i teleri celebranti la nascita e la gloria del Santo, questo del Bonola, pittore e collezionista erudito, appartiene al completamento tardosecentesco del ciclo. L'ancor giovinetto Carlo è raffigurato su un rialzo del terreno al centro di un vasto scenario naturale, mentre chiede al padre di poter elargire le rendite abbaziali ai poveri che, imploranti e in pose stancamente accademiche, gli si affollano attorno. Il dipinto, privo di partecipazione emotiva, è risolto unicamente in chiave celebrativa: dietro alla nera *silhouette* del Beato, il colle di Arona con i grandi fabbricati del Seminario eretto dal card. Federigo Borromeo, nucleo del non mai realizzato Sacro Monte; sullo sfondo, a destra, il profilo della rocca di Angera".

MIRACOLO DI MARCO SPAGNOLO (?)

(dipinto di Giorgio Bonola - circa 1680)

Il fatto

Il miracolo avvenne nel 1612, dopo la canonizzazione del Borromeo e fu aggiunto, con altri, per completare il ciclo pittorico da appendere tra i piloni del Duomo.
Narra il Grattarola che una notte del luglio 1612, Marco Spagnolo, cameriere di monsignor Francesco Penia, Decano della Rota, venne sorpreso nel sonno da forti dolori e da un interminabile sbocco di sangue che allarmò famigliari e domestici. Il malcapitato invocò di cuore san Carlo e subito il male e l'emorraggia passarono.

Il dipinto

La tardività dell'opera rende assai dubbiosa l'identificazione del soggetto raffigurato: il quadro non era più funzionale alla canonizzazione né si può pensare ad un *ex voto* voluto dal miracolato settant'anni dopo l'evento. Altro può essere dunque l'episodio riferito, ritratto qui con una forte vena popolaresca sia negli atteggiamenti dei personaggi sia nel cromatismo delle vesti e delle coperte del letto. Appartiene sicuramente alla produzione più tarda del Bonola.

2

SOLENNE ENTRATA IN MILANO

(dipinto di Filippo Abbiati - 1670-80)

Il fatto

Il 23 settembre 1565, all'età di ventisei anni l'arcivescovo Carlo Borromeo entra in Milano; vestiti i paramenti pontificali nella chiesa di S. Eustorgio - come riporta il Giussano - cavalcando sotto un ricco baldacchino retto dai membri della nobile famiglia Confalonieri, fra il tripudio generale fu accompagnato trionfalmente in Duomo "da tutta la Chieresia" (cioè dal clero della cattedrale, cittadino e del forese) e da un folto seguito di prelati, senatori, magistrati e nobili, sui quali spiccava il governatore spagnolo, il duca d'Albuquerque.
Alle acclamazioni del popolo festante facevano da contrappunto i lamenti dei malati e le urla di persone spiritate "che muggivano come bestie", quasi tormentate dalla presenza del santo Arcivescovo.

Il dipinto

È sicuramente il più felice tra quelli aggiunti tardivamente a completare la serie. Il telero è animato dal singolare dinamismo della folta schiera degli accompagnatori, dal cromatismo acceso e fulgido delle vesti, delle sete e dei velluti dai toni brillanti, dall'incedere esagitato, non certo processionale, dei personaggi.
Di elevato interesse cronachistico le quinte di fondo: la parte terminale del Coperto dei Figini con le arcate ogive del portico e, più addietro, le pacate cortine delle abitazioni popolari, dalle cui finestre e logge i milanesi si affacciano per partecipare al tripudio generale.

MIRACOLO DI SUOR CANDIDA AGUDI

(dipinto di Carlo Buzzi - 1610)

Il fatto

Esisteva al tempo il monastero delle Suore Cappuccine di Santa Pressede, sul corso di Porta Tosa (l'odierno corso di Porta Vittoria, all'incirca allo sbocco dell'attuale via Freguglia), fondato da san Carlo Borromeo e dedicato alla Santa della basilica romana, titolo del suo cardinalato. Racconta il Giussano che una monaca, suor Candida Agudi, ormai prossima all'agonia, a causa di una febbre dovuta a tisi cronica, si levò subito guarita dal letto, nel quale era costretta a giacere ormai da più di tre anni, quando le consorelle ebbero ad appoggiarle sul corpo alcune vesti e paramenti del Beato Carlo ed ella stessa ebbe a raccomandarglisi con preghiere e facendo voto di digiunare a pane e acqua la vigilia della festa del Santo e di recitarne ogni giorno la commemorazione nell'Ufficio Divino.

Il dipinto

Come le due altre simili tele del Buzzi, l'intento cronachistico e la presenza delle suore non hanno certo favorito le già modeste risorse del pittore, imponendogli una composizione bipartita dall'ingenua simmetria e una estrema povertà di tavolozza. Anche le pose e i volti delle monache sono puramente convenzionali, mancando in essi ogni apporto di sentimento e ogni trasalimento di stupore.

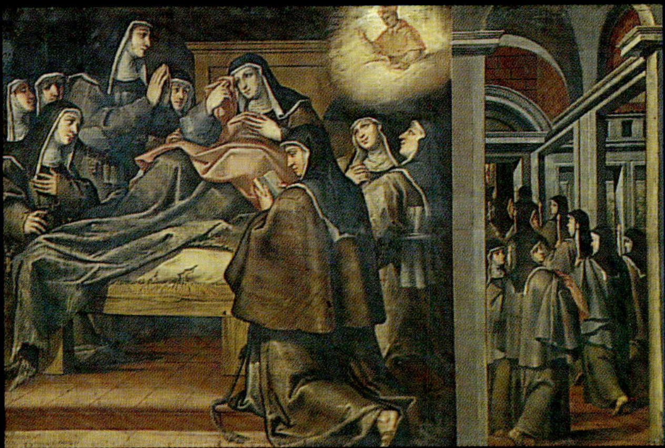

3

VENDE IL PRINCIPATO D'ORIA E DISTRIBUISCE AI POVERI IL RICAVATO DI 40.000 SCUDI

(dipinto di Giovan Battista Crespi, detto il Cerano - 1602)

Il fatto

Tra i possessi familiari pervenuti a san Carlo figurava il principato d'Oria, borgo situato nelle Puglie, a metà strada tra Mesagne e Manduria, ora in provincia di Brindisi, al tempo appartenente al Regno di Napoli.
Attesta il Giussano che, per soccorrere alle urgenti necessità dei poveri che egli assisteva beneficando molte istituzioni assistenziali, il Santo alienò il possedimento ricavando l'ingente somma di 40.000 scudi; poi incaricò monsignor Cesare Specciano, amministratore della sua casa, di provvedere all'equa suddivisione del denaro tra le diverse realtà caritative. Ma l'incaricato sbagliò i conti, così che vennero distribuiti in beneficenza 42.000 scudi; al prelato che proponeva di recuperare i 2.000 scudi elargiti in più, san Carlo rispose che non bisognava rimediare a quell'errore "molto giovevole": così aggiunse di proprio altri 2.000 scudi.

Il dipinto

È il primo di quattro teleri affidati al Cerano e sicuramene è tra i più rappresentativi della sua produzione artistica milanese. Felicemente composto secondo una cadenza bipartita, cara all'artista, presenta possenti figure michelangiolesche in primo piano: sono i facchini che, curvi sotto il peso dei sacchi colmi di monete d'oro, sembrano voler accrescere, con la fatica fisica espressa dal loro corpo, la generosità del lascito, ancor più esaltata dall'umile figura del Santo, collocata in alto, di quinta e in secondo piano.

MIRACOLO DI AURELIA DEGLI ANGELI

(dipinto di Giovan Battista Crespi, detto il Cerano - 1610)

Il fatto

Aurelia degli Angeli, come attesta il Grattarola, da tre anni era affetta da una grave forma di cancrena alla gamba sinistra, la cui carne e i nervi sembravano come divorati dal male; oltre a indicibile dolore, la cancrena produceva un continuo espurgo di maleodorante pus, tanto che il chirurgo durante le medicazioni, come ben si vede nel quadro, a stento ne sopportava il fetore. Giunta allo stremo, Aurelia nel 1601 invocò il santo Arcivescovo e mentre lo pregava davanti ad una sua immagine, le piaghe istantaneamente si richiusero, tornando ad essere completamente sana.

Il dipinto

Caratteristiche della serie ceranesca dei miracoli è l'attenzione ai protagonisti, ai loro gesti, ai loro volti, ma anche l'attenta cura nel riproporci l'ambiente e l'atmosfera nei quali il miracolo si avverava. Anche qui, composizione bipartita dallo squarcio triangolare che s'apre al centro, verso la cucina, ove appaiono ben delineate, nel loro pur bozzettistico trattamento, le figure di due serventi. Fa contrasto con i volti nauseati e preoccupati del chirurgo e della parente, sulla sinistra, l'invocazione dell'ammalata al beato Carlo: il volto di Angela è atteggiato ad una serenità fiduciosa e, più che un appello di preghiera, il suo appare come un colloquio confidenziale con il Borromeo.

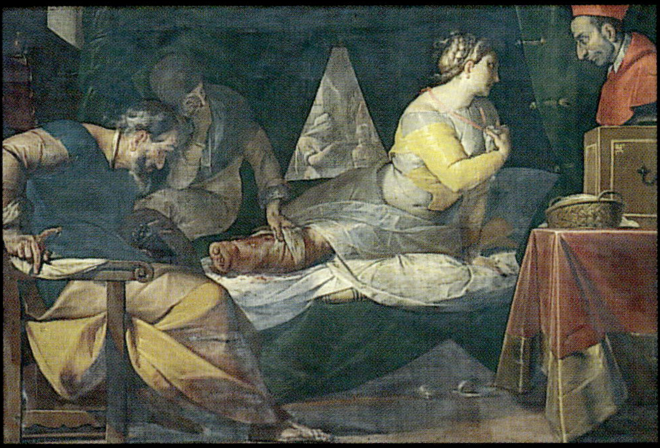

L'ARCIVESCOVO RINUNCIA A TUTTI I TITOLI, DIGNITA' E PREBENDE

(dipinto di Camillo Landriani, detto il Duchino, e di Pier Francesco Mazzuchelli, detto il Morazzone - 1602)

Il fatto

Il Giussano riporta una lettera, scritta dal Beato Carlo a papa Gregorio XIII al suo rientro a Milano da Roma (19 novembre 1572), con la quale, per le cure pastorali della diocesi, rinuncia agli incarichi di Sommo Penitenziere, di Arciprete della basilica romana di S. Maria Maggiore, di Protettore degli ordini Francescano e Carmelitano e ad altri uffici che l'avrebbero costretto ad allontanarsi da Milano.

Il dipinto

Nel telero, si respira aria curiale, con l'apparato fastoso del cerimoniale pontificio; ma è proprio questo il mondo al quale il beato Carlo desidera rinunciare per farsi carico delle pene, dei bisogni, delle speranze del "suo" popolo milanese.
Il rosso della corte papale satura l'ampio salone dove Gregorio XIII accoglie il messo di Carlo Borromeo che gli porge la rinuncia ai lucrosi benefici romani; dall'altro lato gli armigeri della Guardia Svizzera con loro picche - sicuramente dovuti al pennello del Morazzone per il loro piglio ceranesco - aggiungono un tocco di teatralità alla scena che, sul fondo, si proietta in uno scorcio milanese, nel quale il santo Arcivescovo è colto nel gesto di consegnare al suo messo la lettera di rinuncia.

MIRACOLO DELLA CONTESSA ANNA MISKOVVIKI BRANIKA

(dipinto di Camillo Landriani, detto il Duchino - 1610)

Il fatto

Come racconta il Giussano, la contessa, appartenente alla famiglia del Marchesi di Mirowe e moglie del conte Ruiscza Giovanni Braniki di Niepolonicze, cittadina vicino a Cracovia, impedita nell'uso degli arti da artrite deformante acuta, guarì improvvisamente nelle festività di tutti i Santi del 1604. Avvenne che il suo servitore, Giovanni Rinaldi, portò dalla sua città di Bologna in dono alla contessa un ritratto di san Carlo donatogli da suor Felice Riaria, del Monastero bolognese del Corpus Domini. Durante una terribile crisi del male, la contessa in lacrime si gettò a terra davanti all'immagine del Borromeo e subito ogni dolore e ogni infermità le passarono, riprendendo il vigore e la mobilità di un tempo.

Il dipinto

Come sempre, la scena è bipartita: a sinistra la contessa Anna prega san Carlo (si notino le mani deformi) e a destra la miracolata mostra alle amiche l'immagine del Borromeo, collocata su un altarino domestico. A conoscenza della forte impronta francese nella cultura polacca, il Duchino ebbe l'accortezza di rivestire le dame con preziose vesti ispirate all'elegante moda francese, abbandonando i costumi spagnoleschi.

5

CELEBRA SEI CONCILI PROVINCIALI E UNDICI SINODI DIOCESANI

(dipinto di Gian Battista della Rovere, detto il Fiammenghino - 1602)

Il fatto

Tutti i biografi del Santo concordano che uno degli strumenti, adottati da Carlo Borromeo per riportare a maggior rigore la preparazione e la disciplina del clero e per la conduzione pastorale sia della archidiocesi sia dell'intera provincia ecclesiastica, su cui aveva giurisdizione, fu l'indizione dei Concili provinciali (ne presiedette sei) e dei sinodi diocesani (ne celebrò ben undici).

Il dipinto

Ambientata nel presbiterio del Duomo milanese, la tela svolge il tema con una staticità tale da cancellare nei protagonisti ogni atteggiamento di partecipazione. La rigidità compositiva della prospettiva centrale e l'inespressività dei volti, tolgono vitalità all'assise dei vescovi, dominata dall'iconica figura dell'arcivescovo Borromeo.

La minuziosità dei particolari farebbe presupporre un'attenta ricostruzione dell'ambiente pellegrinesco; essa, invece, è approssimativa, come sottolinea il tabernacolo, dono nel 1561 dello zio del Beato, il pontefice milanese Pio IV, qui rappresentato ottagonale e non cilindrico, com'è in realtà.

MIRACOLO DI MARTA DE VIGHI, INFERMA NEGLI OCCHI

(dipinto di Giulio Cesare Procaccini - 1610)

Il fatto

Dalla *Vita* del Giussano si apprende che Marta, figlia di Giovan Antonio de Vighi, dopo infermità agli occhi causata da pustole durata sei anni, divenne completamente cieca. Conoscendo la fama taumaturgica del beato Carlo, nutrì tale speranza nella guarigione da rivedere in sogno per più volte il Cardinale che ebbe a suggerirle di recarsi in Duomo, alla sua sepoltura. Lì, dopo tre ore trascorse in preghiera, chinatasi per baciare la pietra sepolcrale, riacquistò completamente la vista. Era un venerdì mattina del giugno 1601.

Il dipinto

Opera vivace condotta con maestrìa nelle due figure femminili principali, ma più bozzettistica nelle persone di contorno; vi si riscontrano influenze ceranesche nella possente muscolatura dello storpio che sta alle spalle della miracolata, e timbri cromatici cari a certa pittura veneta, particolarmente affini a quelli del Veronese.

Di pura invenzione - e quindi solo espediente compositivo - la tomba del Santo rivestita da un prezioso broccato; si sa per certo che al tempo del fatto rappresentato, il corpo dell'arcivescovo Borromeo era sepolto a pavimento, ai piedi della gradinata che saliva al coro senatorio.

ISTITUISCE LE SCUOLE DELLA DOTTRINA CRISTIANA

(dipinto di Carlo Buzzi - 1604)

Il fatto

L'esempio romano di S. Filippo Neri ha sicuramente ispirato l'azione pastorale del beato Carlo nel promuovere l'apostolato dei laici con l'istituzione di questa Scuola. Alla Congregazione degli Oblati laici, come riferisce il Giussano, l'Arcivescovo "diede il carico di tutto il governo della Dottrina Cristiana", stabilendone le regole e le mansioni di ogni aderente.

Il dipinto

Impostata sistematicamente sulla figura del Beato, che ne costituisce l'asse centrale, la composizione manifesta nei volti e negli atteggiamenti degli astanti una fredda partecipazione e, soprattutto nei due gruppi di Oblati, una totale estraneità alla solenne investitura, ricevuta dalle mani dell'Arcivescovo, che si riverbera nei volti distratti dei ragazzi e delle fanciulle inginocchiati.

MIRACOLO DI SUOR ANGELA DE' SENI

(dipinto di Carlo Buzzi - 1610)

Il fatto

Nell'antico monastero delle Suore Agostiniane di S. Agnese (si trovava a metà dell'attuale via S. Agnese, di fronte alla Caserma S. Ambrogio), v'era una anziana suora, Angela Antonia de' Seni, da otto anni immobilizzata per una grave malattia polmonare che - narra il Giussano -, malgrado le cure fatte, i medici avevano giudicato insanabile. Il 12 giugno 1601, la suora fece voto al Santo di recitare "in suo honore la corona cinque giorni, mattino e sera", e il quinto giorno, 16 giugno, mentre stava per compiere la promessa, ottenne la grazia. Le consorelle, gioiosamente si portarono in chiesa, ringraziando il Signore al canto del *Te Deum*.

Il dipinto

Vi è ripresa la composizione bipartita del miracolo di suor Candida Agudi e usata anche nella tela raffigurante la grazia concessa a suor Candida Francesca Forti, non esponibile in Duomo perché mancante della parte centrale. I modesti mezzi pittorici del Buzzi rivelano la sua qualità di buon artigiano, capace di assimilare, ma con ben altro risultato, l'insegnamento del Cerano (si veda il tavolino sulla destra col gioco del panneggio); anche il suo incerto cromatismo diviene in questi dipinti meno evidente, grazie alle vesti delle monache improntate sull'uniformità coloristica dei bruni e dei neri.

VISITA LA VAL MESOLCINA E CON LA PREDICAZIONE, DIGIUNI, ELEMOSINE E ALTRE OPERE DI PIETA' CRISTIANA, RICONDUCE ALLA FEDE CATTOLICA MOLTI PROTESTANTI

(dipinto di Camillo Landriani, detto il Duchino - 1602)

Il fatto

Il 9 novembre 1583, san Carlo lascia Milano per la visita apostolica alla Val Mesolcina e giunto a Roveredo, borgo all'inizio della valle, poco oltre Bellinzona, entra nella parrocchiale dove, dopo una breve orazione, sale sul pulpito a predicare alla folla dei fedeli. Attesta il Giussano che i molti confessori presenti faticavano ad accogliere tutti i penitenti e che da allora numerose furono le comunioni quotidiane. Ai più bisognosi, il Borromeo era anche generoso di elemosine. Sottoposte alla Lega dei Grigioni, tendenzialmente protestante, le valli svizzere appartenenti alle diocesi lombarde rappresentarono una grave preoccupazione per san Carlo, anche perché divennero rifugio di protestanti italiani e centri promotori dell'eresia; vi si praticava anche la stregoneria.

Il dipinto

Felice per la scelta del tema che non affronta il delicato rapporto con il protestantesimo, ma che esalta le virtù pastorali e umane del santo Arcivescovo.
Efficace è la narrazione che il Duchino ci offre dell'episodio; essa si dipana secondo un impianto compositivo di grande respiro e si manifesta mediante una ricerca attenta dei costumi dei valligiani e dell'impatto psicologico che la predicazione di san Carlo esercitava sui fedeli, come appare dalla reazione ben leggibile su molti volti.

MIRACOLO DI MARINA FERRARO

(dipinto di Camillo Landriani, detto il Duchino - 1610)

Il fatto

A seguito di un parto avvenuto nelle feste natalizie del 1605, la consorte di Giovanni Ferraro di Niepolonicze (Cracovia) fu assalita da forti febbri e da una forma grave di idropisia che le gonfiò mostruosamente il ventre e il volto. Forse sospinta dalla contessa Anna Miskovviki Branica, pure di Niepolonicze, guarita miracolosamente più di un anno prima, si raccomandò a san Carlo con la preghiera; sentendosi meglio volle recarsi, sorretta dai familiari, davanti all'immagine del Borromeo e, giuntavi, guarì istantaneamente, tanto da tornarsene a casa senza alcun aiuto, "gagliardamente", come sottolinea il Giussano.

Il dipinto

Supera sicuramente l'altro miracolo polacco raffigurato dallo stesso Landriani, sia per una maggior spigliatezza compositiva, sia per il cromatismo più equilibrato, dai toni delicati, sia ancora per certi particolari, come la morbidezza e luminosità dei tessuti e - di sicura influenza fiamminga - il vasetto di fiori davanti al busto di san Carlo e lo scorcio verso l'esterno, bozzettisticamente felice.

SI RECA A VISITARE GLI INFERMI E LI CONSOLA CON GRANDE CARITA'

(dipinto di Camillo Landriani, detto il Duchino - 1604)

Il fatto

Era una delle caratteristiche del ministero pastorale del beato Carlo visitare gli infermi, portare conforto ai moribondi e non esitare ad affrontare lunghi e faticosi viaggi per offrire la sua parola confortatrice. Come annota il Giussano, giungeva ad assistere fino alla morte gli ecclesiastici e i vescovi della sua provincia.

Il dipinto

È tra le migliori opere del Duchino che, seppur lontano dalla elevata qualità del Cerano, offre in questa tela un impianto compositivo singolare: ceranesche le due figure di quinta in primo piano, il gruppo degli accompagnatori con le cavalcature e, quanto mai efficace ad esprimere le fatiche di questo abituale impegno dell'Arcivescovo, la figura del Beato che ascende alla camera dell'infermo salendo una ripida scala. Come sempre di buona fattura e di notevole freschezza il gruppo di persone che assistono il morente, che s'intravvede attraverso la finestra che s'apre nell'antica architettura del palazzo: si trattava forse di una visita ad un prelato, colto mentre sembra tracciare sul proprio petto un segno di croce.

MIRACOLO DI GIOVANNA MARONE NATA DEFORME

(dipinto di Giovan Battista Crespi, detto il Cerano - 1610)

Il fatto

La figlia di Giovanni Battista Marone ebbe una figlia nata storpia, con le gambe e i piedi completamente snodati tanto che "... li girava intorno, come un menarosto, e si gettava le gambe in ispalla e dietro al collo... perché quelle parti stavano attaccate insieme con pelle sola, senza connessione alcuna di nervi, né di altra compagine", come efficacemente descrive il Giussano. Giovanna venne portata dalla madre Veronica al sepolcro del beato Carlo e nel luglio 1604 vi tornò per la seconda volta, assieme anche al fratello Francesco; mentre i parenti le facevano recitare il Pater e l'Ave Maria, la bimba sentì rinvigorirsi le gambe, tanto da levarsi in piedi da sé, guarita completamente.

Il dipinto

Il toccante episodio è narrato nei due momenti fondamentali del suo avverarsi. In primo piano, la madre che volge il viso verso chi guarda e la bella figura della domestica, accoccolata a terra accanto alla fanciulla storpia, ove si notano dominanti i caratteri procaccineschi soprattutto nel volto della madre e nella presenza del cane. Di fondo, avvolto da un'atmosfera dorata di grande suggestione e di alta qualità pittorica, l'atto di ringraziamento alla sepoltura del Santo, attorno alla quale rivediamo la bimba, accanto al fratellino, la madre e la servente assieme ad altri famigliari; conclude la scena il presbiterio carolino-pellegrinesco, con il grande padiglione bianco-dorato che lascia intravvedere i finestroni gotici del Duomo.

9

TRASCORRE LE NOTTI VEGLIANDO IN PREGHIERA

(dipinto di Camillo Landriani, detto il Duchino - 1604)

Il fatto

Due tra gli storici di San Carlo, il Giussano e il Grattarola - all'unisono con il primo e più importante biografo, il beato Carlo Bascapé, vescovo di Novara e già segretario del Borromeo -, sono concordi nel precisare i particolari delle sue insonni notti. Il primo fa accenno al piccolo Oratorio, posto sotto i tetti del palazzo arcivescovile, e alla nuda cella che lo fiancheggiava, usata dal Beato come camera da letto, e attesta che egli soleva dormire solo qualche poco seduto su una sedia. L'Oratorio esiste tuttora e conserva gli affreschi fatti eseguire dal cugino card. Federigo Borromeo, attribuiti a Domenico Pellegrini. Il secondo conferma le poche ore di sonno, trascorse dall'Arcivescovo su un paglíericcio o su un nudo pavimento o su una bassa sedia, "spendendo la notte in studio, e oratione, e più volte *pernoctabat in oratione Dei*".

Il dipinto

Perfettamente bipartita dalla soverchiante colonna centrale, la tela, quasi didascalicamente e con forte intento agiografico, mostra il breve e disagiato riposo notturno di Carlo Borromeo, serenamente appisolato su un tavolino, in netto contrasto con il concitato atteggiamento, non privo di stupore, dei preti della sua famiglia che in apprensione vagano per i corridoi con le torce accese, proiettando barbagli di luce sulle nobili architetture e così sottolineando maggiormente la povertà della cella del Beato.

MIRACOLO DELLA GAMBA INCANCRENITA

(dipinto di Anonimo lombardo del Seicento)

Il fatto

Non sono noti né il nome del protagonista né le circostanze nelle quali si manifestò il miracolo.

Il dipinto

Databile attorno al 1670 ma di attribuzione assai incerta (Busca?), la tela riprende, in versione maschile, il miracolo di Aurelia degli Angeli e il ben più noto quadro del Cerano che lo rappresenta.
Piacevole nella composizione, assai diversa dalle altre anche per l'agitazione di teste, braccia e vesti che l'attraversa, il dipinto è sostenuto da una misurata tavolozza di colori e presenta alcuni brani di buona fattura.

BRUCIA UNA LETTERA CHE LO AVVERTIVA DI UN TRADIMENTO

(dipinto attribuito a Carlo Carloni, metà secolo XVIII)

Il fatto

Narra il Giussano che nel 1579 un capitano comandante di galere ancorate nel porto di Savona, certo Giorgio Longo Capoano, condannato al carcere, rivelò al vescovo della città Cesare Ferrerio di aver avuto in animo di uccidere il card. Borromeo; consegnò poi al vescovo uno scritto nel quale spiegava i particolari del fatto. Mons. Ferrerio mandò immediatamente questo plico al Beato Carlo tramite un messo, il cavaliere Girolamo Visconti, cugino di entrambi gli ecclesiastici. Il card. Borromeo, anziché leggere la lettera che riportava la congiura contro di sé, la bruciò alla fiamma di una candela, spiegando il suo gesto con queste parole: "Non ho voluto vedere chi habbia mala volontà contro di me, perché ho da dir Messa tra poco".

Il dipinto

Ambientato in un'architettura dalle forme e decorazioni tipiche dell'esuberante tardo barocco, d'impronta non certamente milanese, l'episodio è proposto con abilità secondo una prospettiva dal sottinsù e ritmato dalla felice cadenza costituita dai personaggi e dalle due colonne scanalate. Anche il cromatismo è equilibrato e la scelta dei toni leggeri - l'oro pallido, il verde chiaro, il grigio-viola spento delle architetture - rende più efficace quelli più forti, ma mai gridati, delle vesti.

MIRACOLO DI MARGHERITA MONTI

(dipinto di Giorgio Noyers - 1610)

Il fatto

Margherita, figlia di Angelo Monti, nacque con entrambi gli arti inferiori storpiati, avendo i piedi "aggroppiati a guisa di due mazzuole, con le piante rivolte dentro verso la gamba", come precisa il Giussano. Quando ebbe sei anni, la mamma Militia Verga, la condusse al sepolcro del card. Borromeo perché vi accendesse una candela e chiedesse la guarigione: la piccola uscì dal Duomo con il piede destro raddrizzato. Allora la madre riportò la figlia a ripetere la stessa devozione e questa volta si raddrizzò anche il piede sinistro.

Il dipinto

La tela è ripartita in tre episodi: in primo piano, quattro grandi figure fan gruppo, assieme ad un bimbo, attorno a Margherita, seduta in braccio probabilmente ad una anziana parente; sul fondo, dietro un velario alzato, la madre, appena dopo il parto, osserva la bimba storpia; alla destra di un sottile pilastro quadrangolare, la scena si apre sull'esterno, per mostrarci madre e figlia che, gioiose, si recano alla cattedrale per ringraziare il santo Arcivescovo: il Duomo appare con la facciata provvisoria - era ancora quella di S. Maria Maggiore -, alla cui sinistra si scorge il fabbricato del Coperto dei Figini.

11

L'ATTENTATO DEL FARINA

(dipinto di Gian Battista della Rovere, detto il Fiammenghino - 1602)

Il fatto

Mentre Carlo Borromeo cerca di riportare l'Ordine degli Umiliati ad una disciplina rigorosa e ad una retta condotta morale, ponendo a capo di ogni monastero buoni monaci che rispettassero la piena autorità dell'Arcivescovo, alcuni Umiliati, agli ordini di Gerolamo, ex prevosto della chiesa di S. Cristoforo in Vercelli, decisero di uccidere il card. Borromeo, affidandone il compito a frate Farina, con il compenso di quaranta scudi.
Il 26 ottobre 1569, mezz'ora dopo il tramonto, mentre Carlo con i suoi familiari era in preghiera nel locale che precedeva la cappella e, per stimolare la devozione, "i Musici cantavano un versetto di un motetto di Orlando di Lasso che dice 'È tempo che ritorni presso colui che mi ha mandato. Non si turbi il vostro cuore né s'impaurisca'" - così riportano concordemente le biografie del beato Carlo Bascapé e del Giussano -, il sacrilego Farina da quattro, cinque braccia di distanza fa partire un'archibugiata che colpisce alla schiena il Cardinale. Carlo, pur sentendosi colpito alla spina dorsale, non prova alcun dolore e ai suoi familiari, accorsi preoccupati, ordina di proseguire con lui nella preghiera. La palla dell'archibugio aveva colpito il rocchetto lasciando una macchia scura, senza ferirlo.

Il dipinto

Ambientato in un'architettura fastosamente manieristica, l'episodio presenta a sinistra, il Farina, in vesti spagnolesche, che imbraccia l'archibugio e getta nel panico i famigliari del Borromeo; al centro della scena di fondo, questi è in preghiera davanti all'altare, affiancato dal coro dei religiosi. Domina una cromìa uniforme, di toni grigi e neri, sui quali spiccano i rossi del rocchetto e la multicolore divisa dell'attentatore.

MIRACOLO DEL PARALITICO GIROLAMO BAIO

(dipinto di Giulio Cesare Procaccini - 1610)

Il fatto

Girolamo Baio risiedeva nella Cascina Viscontea, nel territorio milanese di Albaireto, ed era paralizzato da quattro anni e mezzo quando venne a sapere dei miracoli compiuti per l'intercessione del beato Carlo. Raccomandatosi a lui e fatto voto di recarsi alla sua sepoltura, Girolamo - narra il Giussano - iniziò a muovere le mani. Si fece allora portare in Duomo con un'apposita portantina ; appena varcata la soglia della cattedrale sentì rivivere il suo corpo, tanto che ebbe la forza di rimettersi in piedi e "alzando vigorosamente il braccio si cavò da sé stesso il cappello".

Il dipinto

La composizione ricalca quella del miracolo di Marta Vighi (v.n. 5), con l'atteggiamento un po' eccitato dei personaggi di fondo e la bella figura femminile in primo piano a destra. Esuberante nei toni caldi, la tela dimostra il buon mestiere di G.C. Procaccini e forse, l'intervento del fratello Camillo.

FONDA I COLLEGI DEI GESUITI, DEI TEATINI E DEI BARNABITI

(dipinto di Giovan Battista Crespi, detto il Cerano - 1603)

Il fatto

Preoccupato per l'abbondanza della messe e la scarsità degli operai, conosciuti a Roma le qualità e lo zelo dei padri della Compagnia di Gesù, dei Teatini e dei Barnabiti, il beato Carlo Borromeo introduce a Milano, grazie anche all'approvazione del pontefice Gregorio XIII, le comunità di questi Ordini religiosi "per render feconda - così scrive il Giussano - la sua Chiesa d'ogni sorta di bene spirituale".

Il dipinto

È tra le opere più famose e giustamente note del Cerano, che sembra concentrarvi tutte le sue grandi potenzialità pittoriche e psicologiche. La scena si svolge in un ambiente severo e semplice ed è condotta con sapiente capacità compositiva. In primo piano, a destra un chierico in seriche vesti luminosissime, a sinistra un tavolo con tappeto di velluto giallo-oro. Al centro, disposti a triangolo i religiosi dei tre ordini, nelle vesti nere; sul fondo, l'austera parete con le due lunette da cui proviene una luce impalpabile, ma vera.
Sul trono, Carlo in veste, rocchetto e tricorno rosso, si rivolge paterno ad un gruppo di religiosi, mentre gli altri due gruppi commentano tra loro animatamente, presentando una galleria di ritratti resi con grande talento. Si notino i sapienti tocchi di rosso che ravvivono e ritmano la scena: la veste del Cardinale, il tendaggio di fondo, il panno sul tavolo.

MIRACOLO DI FRA' SEBASTIANO DA PIACENZA

(dipinto di Giovan Battista Crespi, detto il Cerano - 1610)

Il fatto

Lasciamo la parola alla colorita prosa del Giussano: "Per lo spatio di ventiquattr'anni aveva portato addosso Fra' Sebastiano da Piacenza Capuccino una infermità alli medici incognita, d'accidenti e dolori terribili, che l'assalivano con agitazione da tutte le parti del corpo, fino a cinque sei volte il giorno, con tanta vehemenza, che lo facevano dare del capo, mani e piedi nel muro, come che volesse impazzire (...). Rendendosi il male insanabile, per non giovarvi medicamento veruno, visitò il Padre la sepoltura di S. Carlo l'anno 1602 ove ricevé l'intera sanità, accompagnata da una grandissima consolazione di cuore".

Il dipinto

Domina la scena la figura bellissima del frate miracolato inginocchiato a lato della sepoltura del Santo: il volto scavato dalla sofferenza e sublimato nella preghiera, sembra quasi senza vita, tanto da essere sorretto dalle mani pietose di un confratello. Una luce dorata e soffusa, proveniente dall'apparizione del Santo Cardinale, illumina l'evento, vibrando con toni luminosi e cromaticamente delicati sulle persone che assistono all'evento.

VISITA LE DIOCESI DELLA PROVINCIA ECCLESIASTICA

(dipinto di Gian Battista e Giovan Mauro della Rovere - 1603)

Il fatto

Il quadro non riferisce un episodio preciso, ma simboleggia la cura pastorale che Carlo Borromeo ebbe non solo per la sua diocesi, ma anche per quelle suffraganee che, in veste di Visitatore Apostolico, ebbe l'incarico di visitare. Si pensi che in diciannove anni, il Beato Carlo compì cinque visite pastorali all'intera diocesi, allora assai più estesa dell'attuale, recandosi in carrozza o a dorso di cavallo o di mulo in ogni parrocchia, santuario, monastero, convento e chiesa di campagna.

Il dipinto

Il corteo del cardinale Borromeo assume toni trionfali per la ricchezza dei paramenti dei prelati che l'attendono alle porte delle chiese e delle fastose vesti degli accompagnatori laici, nei quali si ravvisano elementi della vivace pittura veneta, forse dovuti al più innovativo Giovan Mauro.
Gustosi sono il paesaggio di fondo, il corteo che si intravvede tra le stanghe del baldacchino e la gentile architettura della chiesa. La presenza di un vescovo, in primo piano, ammantato da un prezioso piviale, fa pensare alla visita ad una diocesi suffraganea, Bergamo o Brescia, città ove il gusto veneto predominava.

MIRACOLO DI SUOR PAOLA GIUSTINA CASATI

(dipinto di Giulio Cesare Procaccini - 1610)

Il fatto

Figlia di uno stimato medico, Bernardo Casati, Suor Paola Giustina del Monastero Maggiore detto di S. Maurizio, era paralizzata da più di otto anni. Saputo di altri miracoli avvenuti per intercessione del cardinale Borromeo, iniziò a rivolgersi a lui, pregando d'innanzi ad una sua immagine. Era il 24 giugno 1601 quando - racconta il Giussano - accostato al suo volto il ritratto del Beato lo pregò "con gran vhemenza di spirito" da ritrovarsi di colpo completamente risanata.

Il dipinto

Offre uno squarcio sincero e patetico insieme di vita monacale milanese agli albori del Seicento. L'artista divide, al solito, la composizione in due parti, con l'espediente efficace della colonna e della luminosa testata dello spoglio muro della cella. Di grande finezza di mestiere e di solida struttura psicologica sono le figure della miracolata - colta nell'istante dello straordinario evento - e della consorella che la sostiene. La scena è dominata dall'imponente lettiera. Prezioso è il particolare del bracciolo della poltrona, in primo piano a destra che offre al Procaccini l'espediente di rompere la tonalità bruno-nera dominante con un sapiente tocco di vivace rosso, che si ritrova anche nella berretta del Beato e nei due drappi sul fondo, tra la colonna e il muro.

TRASFERISCE CON SOLENNITA' RELIQUIE E CORPI SANTI

(dipinto di Domenico Pellegrini - 1603)

Il fatto

San Carlo coltivò un forte e virile culto dei Santi e dei Martiri, campioni nel praticare fino all'eroismo la fede cristiana.
Onorò le reliquie e i loro corpi e si adoperò a traslarli nelle grandi basiliche "in casse molto ben accomodate", come ricorda il Giussano, con solenni processioni ; lo stesso Borromeo e i vescovi in abiti pontificali reggevano su portantine le urne con le sante reliquie, passando tra una fitta folla di fedeli in orazione.

Il dipinto

È tra i meno riusciti, artisticamente, della grande serie e la monotona sequenza della processione, soprattutto quella sullo sfondo, non rende certamente il clima di entusiasmo religioso che invece avrebbe dovuto evocare. Il Borromeo appare sotto il baldacchino mentre regge sulle spalle l'urna di S. Nazaro Martire, traslato nella chiesa a lui dedicata in corso di Porta Romana. Di infimo taglio michelangiolesco le due figure di popolani inginocchiati a sinistra.

MIRACOLO DEL BAMBINO CARLO NAVA, NATO CIECO

(dipinto di Giulio Cesare Procaccini - 1610)

Il fatto

Il 16 ottobre 1604 nacque a Filippo Nava un figlio con gli occhi chiusi. Quando la madre gli alzò le palpebre, apparvero le orbite vuote, piene solo di materia purulenta; devota al beato Carlo, ella gli impose il nome del santo Borromeo, cui si affidava sovente chiedendo la guarigione del neonato. Il 10 novembre successivo, il piccolo Carlo fu affidato alla sorellastra Isabella mentre la madre accudiva al camino e nel contempo, come scrive il Giussano, "alzò la mente a lui e con le lagrime su gli occhi pregò caldamente il suo Avvocato San Carlo"; all'improvviso, l'ultima figlia Clara, di quattro anni, si inginocchiò e si rivolse alla mamma gridando che il beato Carlo stava benedicendo Carlino che aprì gli occhi, completamente risanati. L'innocente fanciulla ricordò che l'Arcivescovo, vestito di porpora, levava benedicente la destra rivolgendosi sull'infante malato.

Il dipinto

La composizione tripartita ruota attorno all'episodio di centro: sullo sfondo, il momento della nascita di Carlino e del doloroso stupore della madre nel constatarne l'infermità; a sinistra, la bella figura del Santo, tipicamente devozionale, che benedice il bimbo cieco tenuto in braccio da Isabella e, a destra, la piccola Clara che corre dalla madre a dare l'annuncio del miracolo. Il dipinto, convenzionale e di maniera nell'impostazione dell'insieme, si riscatta con le fruscianti figure femminili rivestite di sete lucenti, rese con grande perizia e con toni morbidi e preziosi, quasi a sottolineare il momento della gioia.

RECA IN PROCESSIONE IL SANTO CHIODO

(dipinto di Gian Battista della Rovere, detto il Fiammenghino - 1602)

Il fatto

Perdurando con gravi lutti la peste, manifestatasi l'11 agosto 1576 nel Borgo degli Ortolani (l'attuale quartiere tra via Canonica e via Sarpi), l'Arcivescovo Carlo Borromeo indisse tre processioni penitenziali nei giorni 3,5 e 6 ottobre 1576, dal Duomo rispettivamente alle basiliche di S. Ambrogio e S. Nazaro e al Santuario della B.V. Maria presso S. Celso. Solo quest'ultima vide il Beato portare la croce con la reliquia del S. Chiodo, indossando, come descrive il Bascapé "la cappa paonazza, con il cappuccio sulla testa, trascinando per terra lo strascico. Aveva i piedi nudi, una fune attorno al collo, come si fa per i condannati... Vestiti nel medesimo modo erano i Canonici...".

Il dipinto

La composizione risente del ritmo cadenzato, lento e penitenziale della solenne processione che si snoda per le vie di Milano, seguita da una folla numerosissima e implorante. Di notevole interesse il paesaggio cittadino di fondo, in parte vero (si veda il Duomo, com'era previsto dall'appena avviato progetto Pellegrini-Richini, apparire dietro il baldacchino, sulla destra) e in parte di fantasia (le vicinissime colline) e la compunta litania nei toni grigi, neri o bianchi delle vesti dei canonici e dei nobili, rotta solo dal rosso porpora della cappa cardinalizia. La partecipazione della popolazione a far ala alla processione è, come sempre, testimoniata dalle figure in primo piano, ove troviamo nobildonne, mendicanti e popolane.

MIRACOLO DEL FANCIULLO GIOVANNI TIRONE

(dipinto di Giulio Cesare Procaccini - 1610)

Il fatto

Giovanni, a cinque anni, nel 1604 cadde nel fiume Ticino in piena, dove l'acqua era profonda e vorticosa; ebbe la presenza di spirito di chiamare aiuto invocando il beato Carlo, che subito gli apparve, lo sollevò dalle acque e - come narra il Grattarola - "lo portò più di cento braccia sopra le onde del fiume a salvamento, in presenza di molte persone".

Il dipinto

Si differenzia notevolmente dalle altre tele del Procaccini, anche per la capacità, qui del tutto autonoma, di creare una scena libera e sciolta, ove domina la composizione geometrica rappresentata dalle due figure in piedi del Santo a sinistra e della donna sul lato opposto, dall'allineamento orizzontale su di un'unica linea del braccio e della spalla dell'uomo a cavallo, che si conclude con la bella e spaventata testa della cavalcatura. Come sempre, ben equilibrata la scelta delle diverse tonalità cromatiche, alle quali giovano i piani larghi e le ampie pennellate. L'agitazione del momento è efficacemente rappresentata dal turbinìo delle vesti e dall'agitarsi delle braccia; pacata e tipicamente devozionale la figura del Borromeo mentre solleva dalle acque il piccolo Giovanni.

AMMINISTRA I SACRAMENTI AGLI APPESTATI

(dipinto di Camillo Landriani, detto il Duchino - 1602)

Il fatto

La prosa del Giussano è veramente un documento vivace e veritiero sulla vita del santo Arcivescovo che, per lungo tempo, ha rischiato la vita per portare il conforto dei sacramenti (cresima, eucaristia e unzione degli infermi) agli appestati di Milano e della diocesi. Il suo peregrinare iniziò dalla "Terra di Sesto, posta su la strada di Monza, ove la peste haveva fatto grandissima strage". Riporta pure il Giussano il tragico fatto accaduto a Trezzo, ove un appestato "gli cadé a' piedi morto subito, che l'hebbe finito d'ungere".

Il dipinto

Se si confronta questo telero con quello, sull'analogo tema, del Cerano (v. 17), si constata la grande differenza di sensibilità umana e pittorica che assegna all'opera di Gian Battista Crespi il primato sull'intero ciclo delle storie carliane. Il quadro del Duchino presenta la sua parte migliore nella scena di fondo, con le capanne degli appestati, dove però la carnalità dei corpi sembra rievocare maggiormente scene mitologiche anziché la tragedia della sofferenza e della morte.
Convenzionali e incapaci di trasmettere alcun sentimento le figure sia del Santo che dei suoi accompagnatori; unico tocco di gentile umanità si coglie nella donna colpita dal morbo, in primo piano a destra, sostenuta da due popolani.

MIRACOLO DEL FANCIULLO FRANCESCO CUNIOLO

(dipinto di Camillo Landriani, detto il Duchino - 1610)

Il fatto

Protagonista è un paggio del dottore collegiato di Milano, Alessandro Secco, di nome Francesco Cuniolo, ragazzo tortonese di dodici anni, che da cinque soffriva sempre più di calcoli al rene causa di un gran male che, come descrive il Giussano, "gli dava quasi la morte, particolarmente nella mutazione de' tempi", tanto che i medici decisero "di venire al taglio". Il giovane allora si raccomandò al santo Arcivescovo, promettendo di visitare per otto mattine il suo sepolcro e di portarvi una candela accesa. All'ottava mattina ottenne la grazia; era il mese di ottobre 1601.

Il dipinto

Il quadro richiama quelli consimili, per soggetto, del Cerano e del Procaccini. La scena è reinventata con cura e sensibilità; i personaggi, soprattutto quelli del gruppo di sinistra al di là del sepolcro del Beato, sono ben caratterizzati, con una freschezza di pennellata e una carica di simpatia che non si riscontrano nei fedeli che si assiepano alla destra, più manierati e meno espressivi, come del resto l'ingombrante figura a sinistra che tiene per mano il figlioletto.
Si notino gli ostiari che sostano in permanenza alla tomba del Santo per tener conto, su appositi registri, delle offerte in denarto, gioielli e in natura che venivano portate al sepolcro di Carlo per impetrarne la grazia o come *ex voto*.

VISITA GLI APPESTATI

(dipinto di Giovan Battista Crespi, detto il Cerano - 1602)

Il fatto

Commovente è il racconto che il Giussano fa della carità che, approssimandosi l'inverno, mosse il "pietoso Padre" per sovvenire alle necessità di vestiario degli appestati della città o raccolti nelle capanne e nel Lazzaretto. Il beato decise di usare tutti i panni e gli abiti della casa e suoi personali, tranne quelli a lui strettamene necessari, per confezionare vesti con cappuccio. Vennero impiegati quattrocentoottanta metri di panno rosso, quattrocentoventi di porpora moirè, oltre a drappi d'altri colori. Non bastando, fece comperare altre stoffe che distribuiva di propria mano.

Il dipinto

Tra quelli dovuti al Cerano è sicuramente il più ricco di pathos, per la capacità di trasmetterci l'atmosfera di una grande tragedia umana che, però, appare addolcita dalla presenza consolatrice del Santo, preoccupato della salute quanto della salvezza delle anime degli appestati.
Le figure in primo piano, straziate dal male, sembrano riprendere vigore dalla visita del Beato. Si vedono, alla periferia di Milano, le misere capanne, mentre,al di là di una natura di grande suggestione, la città appare con i suoi bastioni, le case, le chiese, tra le quali domina la sagoma del tempio dedicato per voto da san Carlo a san Sebastiano.

GUARIGIONE DI MARGHERITA VERTUA DA FEBBRE MORTALE

(dipinto di Giovan Battista Crespi, detto il Cerano - 1610)

Il fatto

Margherita Vertua, moglie dell'orefice Francesco della Guardia, fu colpita da una forte febbre e da altri mali che, malgrado le assidue cure, peggiorarono sempre più fino a ridurla a pelle e ossa. Narra il Giussano, che nel giorno della festa della Santissima Trinità del 1578, san Carlo fece visita all'Ospedale dei Mendicanti nel Borgo di Porta Vercellina; percorrendo la contrada degli Orefici, si fermò davanti alla porta di casa della Guardia e, benedetta l'infelice ammalata, la guarì istantaneamente.

Il dipinto

In questa tela il Cerano raggiunge qualità compositive e cromatiche di elevato livello. Il misurato ma intenso cromatismo del quadro trova nel corpo di Margherita, d'un grigiore mortale, una pausa e un'abile trovata per attirare l'attenzione del riguardante e rendere ancor più clamoroso il miracolo.
La gravità dell'ammalata, ormai allo stadio terminale, è esaltata dalla vicinanza della giovane donna, dalle belle vesti, dalle forme generose, dal viso paffuto e colorito.
Una nota storica sull'artigianato e sulla moda orafa del tempo è offerta dall'esposizione di collane, pendagli e argenterie.

FONDA LA CONGREGAZIONE DEGLI OBLATI E I SEMINARI DIOCESANI

(dipinto di Carlo Buzzi - 1603)

Il fatto

La grande esperienza maturata dall'arcivescovo Carlo Borromeo nel governo della Chiesa, particolarmente nei riguardi della disciplina e della preparazione del clero, portò il Beato a fondare cinque seminari nella diocesi, affidandoli ad una Congregazione di preti secolari eretta con gli statuti del 16 agosto 1578, nella festività di san Simpliciano, e, che chiamò Congregazione degli Oblati di S. Ambrogio. Questi Oblati, come attesta il Bascapé, "dovevano legarsi con voto d'ubbidienza perpetua all'Arcivescovo" e, oltre a dirigere seminari e collegi, dovevano "fungere da parroci ovunque fosse necessario; predicare; adempiere agli uffici sacri come cappellani nei monasteri femminili; insegnare nelle chiese i rudimenti della Dottrina Cristiana; dedicarsi a vari uffici anche nel palazzo arcivescovile.

Il dipinto

Il Buzzi offre un brano di cronaca attenta, puntuale nei particolari quanto fredda e celebrativa nell'atmosfera. Carlo, in trono con veste, rocchetto e berretta rossa, consegna lo statuto agli Oblati, nerovestiti, mentre sul fondo, in tonache rosse appaiono alcuni seminaristi. A far da quinta, a sinistra, i membri del Collegio Borromeo di Pavia e, a destra, un gruppo di nobili collegiati di Milano. Una composizione statica e priva di quella tensione spirituale che sicuramente doveva aleggiare in circostanze del genere.

MIRACOLO DELLA GAMBA GUARITA DALLA CALZA DI S. CARLO

(dipinto di Anonimo Lombardo del Seicento)

Non si conoscono i particolari dell'episodio né il nome del beneficiato. Non ci resta che sottolineare la classica atmosfera da *ex voto* che anima la tela, vivacizzata dal turbinìo delle vesti e dall'agitarsi delle persone. Qualche buon ritratto riscatta la mediocrità del dipinto; da notare il chierichetto sul fondo, a destra, che reca una cassetta con la scritta: "Calzeta di S.C.B.", particolare che ha consentito di individuare il miracolo avvenuto per l'intercessione del Santo.

EREZIONE E BENEDIZIONE DELLE CROCI DOPO LA CESSAZIONE DELLA PESTE

(dipinto di Giovan Battista Crespi, detto il Cerano - 1603)

Il fatto

In molti slarghi ove confluivano più vie, in occasione della peste erano stati eretti altari provvisori per la celebrazione di messe e di momenti di preghiera. Ad epidemia finita, l'arcivescovo Borromeo - riporta il Giussano - "diede ordine, che si piantassero in ciascun luogo, dove erano quelli Altari, nobili e alte colonne di pietre vive, fondate sopra basi, e piedestalli: nella sommità delle quali si ponesse una Croce grande".

Il dipinto

Pur nella sua impronta celebrativa, il telero mostra appieno la bravura del Cerano, la sua straordinaria capacità di usare i colori a tempera forte, traendone effetti che solo la pittura ad olio è solita offrire.
A fronte della staticità del gruppo composto dal Santo e dai prelati del seguito, sottolineata dalla colonna votiva che Carlo Borromeo sta benedicendo, traspare il movimento della folla che preme sul fondo, invisibile, ma segnalata dall'innalzarsi agitato delle croci, delle aste e dei ceri.

GUARIGIONE DI BEATRICE CRESPI MALATA DI CANCRO AL SENO

(dipinto di Giovan Battista Crespi, detto il Cerano - 1610)

Il fatto

Figlia di Antonio Crespi, noto mercante di seta milanese, Beatrice era affetta da tumore alla mammella destra; il male le produsse una profonda piaga che, afferma il Giussano, "le passava dentro l'interiora, dalla quale usciva grandissima quantità di materia corrotta... che non potendo tutta evacuarsi per una cannetta d'argento" le usciva di bocca con nausa e fetore intollerabile. Il padre fece voto al beato Carlo di mandare in pellegrinaggio a piedi la figlia per tre venerdì a pregare sulla sua sepoltura. Un venerdì dell'agosto 1603 Beatrice, sorretta da una servente, mentre si portava al sepolcro sentì tornare in lei le forze, tanto "che andò gagliardamente al sepolcro".

Il dipinto

La tela ben esprime la meraviglia delle due donne: l'incredulità della popolana, dal gesto audace e violento per poter verificare quanto è avvenuto nel corpo della giovane padrona; lo stupore della beneficiata, sublimatosi subito in preghiera e rendimento di grazie.
Di particolare interesse l'arredo e la sontuosa veste della miracolata, la veduta sulla piazza del Duomo, con la facciata duecentesca di S. Maria Maggiore e l'apparizione del Santo a Beatrice, che, accompagnata dalla domestica, si reca al sepolcro.

ISTITUISCE IL LUOGO PIO DELLE STELLINE

(dipinto di Anonimo Lombardo - fine secolo XVII)

Il fatto

Attesta il Bascapé che nel 1578 l'arcivescovo Borromeo fondò l'Ospedale della Stella "per mendicanti poveri e vergognosi", aperto, sembra nel 1582, anche alle fanciulle orfane: fu l'inizio del Collegio delle Stelline, famosa istituzione milanese, alla quale si affiancherà più tardi quello, per i maschi, detto dei Martinitt.

Il dipinto

L'episodio si svolge entro un vasto spazio architettonico, reso con toni sfumati e chiari che rendono assai diluita l'atmosfera. Anche questa tela sembra costruita senza sentimento, ma solo con aperti scopi celebrativi e cronachistici. Tuttavia, presenta alcuni aspetti di buona qualità, quale il gruppo delle monache e delle orfane che si presentano a san Carlo, ove il pittore mostra una buona capacità bozzettistica, sostenuta da una freschezza di racconto che riscatta le parti deboli del dipinto.

MIRACOLO DI SUOR ANGELICA LANDRIANI

(dipinto di Alessandro Vaiani - 1610)

Il fatto

Da nove anni affetta da una grave forma di idropisia, giaceva immobilizzata Suor Angelica Landriani del convento delle Cappuccine di S. Prassede. Precisa il Giussano che il 7 settembre 1602 ("Vigilia del nascimento di Maria Vergine"), l'inferma udì una voce - era quella del beato Carlo - che le intimò di alzarsi e di recarsi nel refettorio. Senza accorgersi di quanto stava accadendo in lei, Suor Angelica, varcando la soglia della mensa comune, si sentì rinata da ogni male tanto che "mangiò con buon gusto e fu fatta habile in quel medesimo tempo a osservare la sua Regola, benché dura e aspra".

Il dipinto

La critica più recente ha anticipato la data di esecuzione al 1610, anziché alla metà del secolo, sia per gli aspetti pittorici e l'equilibrio misurato della composizione sia perché il miracolo è tra quelli più noti e citati nei processi per la canonizzazione del Borromeo e quindi è più che verosimile che il quadro sia appartenuto al nucleo iniziale della serie, quella appunto del 1610.
L'ambiente di vita monacale offertoci è di grande interesse e, con la presenza delle suore e il loro atteggiamento, suscita commozione e simpatia, rivela la carità che ne governa la serena convivenza. Il disegno pulito delle vesti e dei volti, le bruno-dorate tonalità dei sai, rotte solamente dalla purpurea mantella del Beato, circonfuso di luce messa ancor più in evidenza dai nembi grigio-azzurri, sono le doti distintive del dipinto del poco conosciuto Vaiani, capace anche di offrirci, sul fondo, la gustosa scenetta del refettorio delle monache.

SI RECA A TORINO PER VENERARE LA SACRA SINDONE ED È RICEVUTO DAI SAVOIA

(dipinto di Camillo Landriani, detto il Duchino, con la collaborazione di Pier Francesco Mazzucchelli, detto il Morazzone - 1602)

Il fatto

Il 6 ottobre 1578, Carlo Borromeo si avviò a piedi, a Torino, per venerare la Sacra Sindone; vi giunse, pellegrino instancabile e orante, il 9 successivo, accolto dal duca Emanuele Filiberto di Savoia e dall'arcivescovo Gerolamo della Rovere. Narra il Bascapé: "Carlo già da tempo desiderava vedere la Sindone. Terminata la peste, sentì accrescersi ancor più quel vivo desiderio e decise di non rimandare più oltre l'adempimento", approfittando che il Sacro Telo era stato trasferito da Chambéry a Torino.

Il dipinto

Vi è rappresentato il momento del congedo (17 ottore 1578) del Beato Carlo dai Savoia che, inginocchiati, chiedono la sua benedizione.
L'intervento dei due pittori, secondo la critica più recente, si può distinguere con sufficiente certezza. Il Duchino avrebbe eseguito - con accademismo descrittivo, da immaginetta - la parte sinistra del quadro, compresi i due Savoia, Emanuele Filiberto e i figlio maggiore Carlo Emanuele, e le sfocate figurette di fondo del corteo dell'arcivescovo, ridotte a pure macchie di colore. Al Morazzone sarebbero da attribuirsi i personaggi in primo piano sulla destra e il folto gruppo degli armigeri sotto le mura; la sua pittura è più sciolta e anche le figure più lontane sono, pur con rapidi tocchi, ben disegnate e con maggior effetto prospettico.

GUARIGIONE DI ANGELA BOTTIGELLA

(dipinto di Camillo Landriani, detto il Duchino - 1610)

Il fatto

Moglie di Giovan Paolo Emanuele de Medici, farmacista in Pavia, Angela, era ormai paralizzata dalla gotta e dall'artrite. Un giorno, mentre il figlio Delio Francesco le leggeva una vita di Carlo Borromeo, si rivolse ad un'immagine del Beato e "fissando gli occhi in essa, pregò il Santo con ogni affetto, che volesse ottenerle gratia da Dio per poter almeno giungere le mani insieme in oratione". E, continua il Giussano, "in quel punto gli cessò ogni dolore, e ogni male".

Il dipinto

In questo, come in altri suoi quadri dei miracoli, il Duchino, buon illustratore e cronista e interprete del verismo lombardo, raggiunge risultati superiori a quelli dei grandi teleri della vita.
La parte migliore è quella di sinistra, con la figura in abiti spagnoleschi del figlio della miracolata e l'implorante Angela seduta nel suo ricco letto a baldacchino. È uno squarcio di interni di buona fattura, cui aggiunge una nota di novità il tavolino con tazza di ceramica, il mortaio col pestello di argento e le fette di limone, stoviglie e ingredienti per qualche infuso medicamentoso, una delle prime testimonianze di natura morta in Italia Settentrionale.

SI RITIRA IN PREGHIERA E DIGIUNO AL SACRO MONTE DI VARALLO

(dipinto di Gian Battista della Rovere, detto il Fiammenghino - 1602)

Il fatto

Gli ultimi giorni della sua breve ma intensa vita, Carlo Borrmeo li ha vissuti nel digiuno e nella preghiera al Sacro Monte di Varallo. Sembra un'ispirata premonizione per prepararsi alla morte con la serietà e coscienziosità che sono state le costanti della sua esistenza. Il 15 ottobre 1584, - narra il Bascapé - iniziò gli esercizi spirituali a Varallo, sotto la direzione di P. Adorno. Dopo sette giorni il Beato venne colto da forte febbre, ma proseguì nell'austera pratica. Il 29 ottobre, a piedi, a cavallo e in barca il Beato, raggiunse Cannobio, ultima tappa prima di Arona, dove il 1° novembre celebrò la sua ultima messa.

Il dipinto

Il telero rappresenta la miglior opera che il Fiammenghino abbia dipinto per il ciclo dei quadroni carliani. Di grande suggestione è l'ambiente naturale del Sacro Monte di Varallo, reso con un'atmosfera pittorica di sensibilità fiamminga, che circonda il viale delle cappelle, sulle quali - pellegrino orante - ascende il Beato illuminando il cammino con una lanterna. La parte destra, più celebrativa, mostra il Santo, come racconta il Giussano che "andava ogni notte, con molta carità, ad accender il lume alli due Chierici, e farli levare all'oratione": si trattava dei due Oblati, Alfonso Oldrado e Cesare Besozzo, giunti a Varallo in "tempo di vacanze per gli studi".

MIRACOLO DI DOMENICO BRUSADORE

(dipinto di Giulio Cesare Procaccini - 1610)

Il fatto

Racconta il Giussano che, ai primi di luglio del 1603, un muratore, di nome Domenico Brusadore, devoto al beato Carlo, lavorava alla costruzione di una casa per certo Donato Toso, in località Molinazzo, fuori Porta Vercellina. Mentre per il gran caldo, a mezzogiorno, riposava entro la chiesa dedicata a S. Giacomo, un giorno, gli apparve san Carlo che gli disse "Fratello levati di qui perché la Chiesa vuol cadere". Il Brusadore si precipitò fuori dalla chiesa, avvisando i passanti del pericolo; ma non gli credettero: ma "in quell'istante ella ruinò a terra in loro presenza".

Il dipinto

Di grande abilità le due figure all'interno del tempio: il "maestro da muro" che sogna il Santo e questi che gli appare in sontuosi paramenti pontificali, entro un accenno d'architettura sufficiente a creare l'ambiente della chiesa, con la penombra bruna che per i toni sanguigni sembra presagire il crollo. La seconda parte, sulla destra, mostra con pennellate rapide e quasi trasparenti lo stupore dei passanti che, ancora increduli, assistono sgomenti al crollo del tempio.

FONDA I MONASTERI DELLE CAPPUCCINE E LE COMPAGNIE DELLE VERGINI DI S. ORSOLA E DELLE VEDOVE DI S. ANNA

(dipinto di Camillo Landriani, detto il Duchino - 1603)

Il fatto

Il 26 aprile 1579, domenica in albis, san Carlo, dopo aver celebrato in Duomo il solenne pontificale, procedette alla vestizione delle prime Monache Cappuccine (il Bascapé parla di quattro suore, il Giussano di diciotto), ponendo sulle spalle di ciascuna una grande croce di legno e sul loro capo una corona di spine "ad esempio del Salvatore, il quale si erano eletto per sposo, e per Maestro di una vita santissima", come riporta il Giussano.

Il dipinto

Tra le opere del Duchino, questa è forse tra le più oleografiche e statiche composizioni, cui neanche la ridondanza dell'architettura di fondo (ma non doveva essere il Duomo?) e la preziosità del piviale del sacerdote inginocchiato davanti all'arcivescovo Borromeo riesce a conferire qualche pregio; anzi, questi particolari e la folla dei personaggi mortificano il bel gruppo delle suore Cappuccine, ritratte con mano più felice nelle loro rozze vesti penitenziali.

GUARIGIONE DEL BAMBINO MELCHIORRE BARIOLA

(dipinto di Camillo Landriani, detto il Duchino - 1610)

Il fatto

Proveniente da Chignolo, nel Pavese, Melchiorre Bariola di cinque anni soffriva enormemente per una grande pustola purulenta sul fianco sinistro che non si rimarginava, con pericolo per la sua vita. Il 18 aprile 1602, all'una di notte la madre si inginocchiò davanti ad un'immagine del beato Carlo, implorando la guarigione del fanciullo che nel frattempo si addormentò. Dopo tre ore, Melchiorre si svegliò, chiamò la madre e le disse che era completamente guarito, perché san Carlo gli era apparso, l'aveva toccato "con la mano dove haveva il male". Precisa il Giussano, con la mano "nella quale haveva l'anello rilucente".

Il dipinto

Il modesto Landriani raggiunge in quest'opera solo effetti da cronista; il quadro compositivamente è confuso, mancando di una costruzione sia prospettica che ambientale. È quasi un *ex voto* popolare, non certo adeguato al prestigio della serie pittorica.

RICEVE IL VIATICO E SI DISPONE A MORIRE SERENAMENTE

(dipinto di Carlo Antonio Procaccini - 1604)

Il fatto

Il Bascapé narra che, giunto a Milano da Arona, il beato Carlo fece chiamare i medici e, spuntato il giorno, volle recitare il Mattutino; ma il Padre Adorno, stante le sue gravi condizioni, lo costrinse ad ascoltarlo recitato da altri. Al sesto attacco di febbre, i medici pronosticarono una morte vicina, gettando nello sgomento tutti i presenti. Furono indette orazioni davanti al SS. Sacramento in chiesa. Mentre giaceva sul nudo letto, indossate cotta e stola, ricevette dalle mani dello stesso Bascapé l'Eucaristia e l'Unzione degli infermi; l'Arcivescovo a stento muoveva le labbra per rispondere all'officiante. Al termine della lettura della Passione di Cristo, le forze l'abbandonarono al punto che dovettero sostenergli la mano con la quale tentava di impartire l'ultima benedizione; con quel gesto, si accomiatò dalla vita: erano le 20,30 del 3 novembre 1584.

Il dipinto

Di gran lunga meno dotato dei fratelli minori Giulio Cesare e Camillo, Carlo Antonio Procaccini dimostra in questa tela di essere solo un buon artigiano del pennello; ricalca compositivamente altri dipinti della serie, ma i personaggi che vi raffigura sono spenti e inanimati. Emergono per accuratezza alcuni particolari: il candeliere e il quadro della Vergine col Bambino.

MIRACOLO DI GIAN GIACOMO LOMAZZO

(dipinto di Giovanni Noyers - 1610)

Il fatto

Un anziano nobile, Giovanni Giacomo Lomazzo, era afflitto da piaghe alle gambe che non si rimarginavano. Il 24 settembre 1587, vigilia di S. Tecla (alla quale un tempo era dedicata la prima cattedrale di Milano e, dall'epoca di cui si tratta, è la parrocchia del Duomo), il Lomazzo ebbe una crisi acuta che lo determinò a recarsi con gran fatica a pregare sulla tomba del beato Carlo. Al termine della messa, cui aveva partecipato con grande devozione - come sottolinea il Giussano -, l'anziano nobile si trovò completamente risanato.

Il dipinto

L'aspetto votivo della tela è rappresentato dalla figura un po' stralunata del Lomazzo, cui fa cornice la ressa dei fedeli attorno alla balaustra che recinge l'apertura che mette in comunicazione la navata del Duomo con il sottostante "scurolo" del Santo, a dimostrazione della folla che ogni giorno si recava al sepolcro del Borromeo e della notorietà del personaggio miracolato.
L'insieme è chiassoso e dispersivo, ben lontano dall'atmosfera riverente e commossa che scaturisce dai miracoli raffigurati dal Cerano e da Giulio Cesare Procaccini, del quale il Noyers era forse un aiuto di bottega.

LE SOLENNI ESEQUIE DEL SANTO

(dipinto di Anonimo lombardo della fine del Seicento)

Il fatto

Mercoledì, 7 novembre 1584, avvennero le solenni esequie del santo presiedute dal card. Niccolò Sfondrati, vescovo di Cremona, e con partecipazione dell'intera città e delle rappresentanze delle diocesi e delle popolazioni vicine. Il racconto del Giussano ricalca quello del Bascapé, ma è più colorito e conviene riproporlo: "E giunti in Duomo fù di bisogno armare attorno il catafalco, con forti ripari, per impedire l'impeto delle genti, che in ogni modo volevano avvicinarsi al corpo Santo per baciarli, e toccarli almeno i paramenti...".

Il dipinto

Anonimo, ma non certo di modesto livello, è l'autore della tela, percorsa da un'agitazione gestuale che ben rappresenta il dolore, le grida di invocazione, la preghiera che saliva da ogni fedele e dagli stessi sacerdoti e religiosi. Tale corale "teatralità" si svolge entro una scena prospetticamente ben costruita, pittoresca e perfettamente ambientata nel Duomo, del quale vediamo i pulpiti - ridotti quasi alla funzione di barcacce (i palchi di proscenio!) -, i piloni, il grande organo meridionale e i finestroni absidali: un vero trionfo del realismo lombardo.

MIRACOLO DI VIRGINIO CASATI

(dipinto di Anonimo lombardo del Seicento)

Il fatto

Virginio Casati, giureconsulto del Collegio di Milano, dopo cinque anni di acute sofferenze per lunghe e dolorosissime coliche, mentre giaceva a letto ridotto "a malissimo termine della vita", come precisa il Giussano, pregò ardentemente il beato Carlo promettendo di portare un *ex voto* d'argento al suo sepolcro, se fosse guarito. Addormentatosi, sognò di vedere il Santo inginocchiato a pregare davanti al Crocifisso per la sua guarigione; di lì a poco, Virginio si risvegliò liberato da ogni male.

Il dipinto

La composizione è dominata dalla figura di san Carlo - di abile fattura - che prega davanti al Crocifisso, al centro di una "carola" (festoso girotondo di putti e di angeli, atteggiati nelle tipiche forme della pittura barocca), mentre in penombra e quasi trascurata è la figura del malato che giace dormiente nel lussuoso letto a baldacchino.

IL POPOLO ACCORRE INNUMEREVOLE AL SUO SEPOLCRO

(dipinto di Giacomo Parravicini, detto il Gianolo - ultimo decennio sec. XVII)

Il fatto

Una folla ininterrotta di fedeli conveniva in Duomo a tutte le ore per pregare sul sepolcro del Beato che, come giustamente si nota nel telero, nei primi anni, fino alle soglie del '600, era a pavimento, al centro, ai piedi della gradinata che adduceva al coro senatorio: una lastra di marmo, con l'epitaffio sormontato dal motto HUMILITAS, ne segnava il luogo. Grande fu l'impegno dei Canonici del Duomo per metter ordine e decoro a questo ininterrotto pellegrinaggio, tanto che, come annota il Giussano, essendo vietati "da Sacri Canoni, e dalle Pontificie leggi, il dar nuovo culto a' Santi, o' Beati senza licenza della Santa Sede Apostolica", i Capitolari "ordinarono alli Ostiarij, o' sia Custodi del Duomo" di non accettare doni, candele ed *ex voto* e che "passate le due, e tre hore di notte, conveniva cacciar a viva forza il Popolo di Chiesa".

Il dipinto

L'opera mostra non pochi pregi sia compositivi e cromatici sia di invenzione e risente del clima pittorico dell'ultimo Seicento, già anticipando raffinatezze e gusti del secolo successivo. Le figure di quinta come quelle, più bozzettistiche, di fondo sono vivaci e ben caratterizzate. Si noti il rigore con cui due Ostiari allontanano fedeli un po' troppo esagitati nel comportamento e che offrono *ex voto*, come il personaggio a destra che innalza un quadro votivo, nel quale è ravvisabile Carlantonio Pestalozza, della Congregazione della Dottrina Cristiana, donatore di questo quadro e, a sua volta, miracolato dal Santo: infatti, l'*ex voto* è il bozzetto del quadro raffigurante il miracolo ricevuto dallo stesso Pestalozza e che si può ammirare appeso sotto questo telero, a conclusione del grande ciclo carliano.

MIRACOLO DI CARLANTONIO PESTALOZZA

(dipinto di Giacomo Parravicini, detto il Gianolo - ultimo decennio sec. XVII)

Il fatto

Carlantonio Pestalozza, uno dei ventiquattro membri della Congregazione della Dottrina Cristiana, mentre a cavallo stava accomiatandosi da un gruppo di conoscenti, per un improvviso scarto della cavalcatura venne precipitato entro un burrone, ma miracolosamente si sentì respinto verso l'alto nell'attimo stesso che il pittore, amico del Pestalozza e presente alla scena, ebbe ad invocare il nome del santo Borromeo.

Il dipinto

Meno felice del telero che gli è appeso sopra, presenta tuttavia alcuni brani di buona fattura, come le figure del cavaliere e del cavallo bigio che s'impenna e quella della donna, in basso a destra, che reca un paniere in testa, forse proveniente dall'aver lavato i panni nel torrente che scorreva in fondo al borro in cui rischiò di precipitare il miracolato.

I due teleri che aprono e chiudono la serie cronologica della vita di san Carlo non sono esposti appesi tra i piloni, ma collocati permanentemente, verso il tornacoro, a decorare le nuove casse degli organi, di recente (1986) trasferiti nel ristrutturato presbiterio in continuità con i cinquecenteschi grandi organi.
Il motivo di questa esclusione sta nella necessità di lasciar libera la visuale delle navate mediane verso l'ardita architettura e le fulgide vetrate dell'abside; la scelta di questi due quadroni, esclusi dall'esposizione annuale del ciclo carliano, è dovuta al loro carattere "trionfalmente" allegorico, ben lontano da quello documentario, seppur celebrativo, delle altre tele, e alla loro più tarda esecuzione.

A NASCITA DEL SANTO NELLA ROCCA DI ARONA

(attribuito a Cesare Fiori, circa 1660)

Pur ispirato dal racconto che ne fa il Giussano, il dipinto enfatizza il miracoloso raggio di sole apparso anzitempo a sottolineare l'evento e ad illuminare l'agitata folla di donne che circonda la puerpera col neonato Carlo, sopra le quali vola una folta teoria di angeli e di putti, cui si deve se il soffitto dell'alta camera sembri trasformarsi in un cielo vibrante di corpi luminosi. Nella pittura di buona qualità, e con alcune figure ben caratterizzate, si ritrovano gli echi di teleri dovuti a maestri del primo Seicento.

B LA GLORIA DI SAN CARLO IN CIELO

(Andrea Lanzani, fine sec. XVII)

Davvero trionfale, quasi di apoteosi, è lo spirito che domina il dipinto. Esso è pittoricamene ben risolto, secondo una composizione giocata su due linee diagonali ascendenti, da sinistra a destra, e mediante risalti cromatici di sicuro effetto. Al centro, in alto, in piena luce la maestosa figura di S. Ambrogio, patrono della diocesi milanese, in vesti pontificali, al quale due angeli sorreggono il pastorale e il leggendario staffile; a destra, il forte controluce che proietta il profilo di S. Agostino, in abiti e insegne episcopali, al quale un putto sorreggente la conchiglia traboccante di acqua lustrale ricorda il battesimo avuto per mani di S. Ambrogio la notte di Pasqua del 387. Sono i due grandi Vescovi e Dottori della Chiesa che accolgono il Borromeo nella gloria eterna e alla cui opera e santità S. Carlo esemplò la sua missione di pastore e di maestro.

BIBLIOGRAFIA ESSENZIALE

C. Bascapé, *Vita e opere di Carlo Borromeo*, (1592), nella riedizione V. Fabbrica del Duomo di Milano, Milano 1965.

G.P. Giussano, *Istoria della vita, virtù, morte e miracoli di Carlo Borromeo*, Milano 1610.

M.A. Grattarola, *Successi meravigliosi della veneratione di San Carlo*, Milano 1614.

G.A. Dell'Acqua, *La pittura a Milano dalla metà del XVI secolo al 1630*, in "Storia di Milano", Fondazione Treccani, vol. X, Milano 1957.

E. Arslan, *Le pitture del Duomo*, Milano 1960.

A.M. Brizio - M. Rosci, *I quadroni di san Carlo nel Duomo di Milano*, Milano 1965.

AA.VV., *Il Seicento lombardo*, catalogo della Mostra nel Palazzo Reale di Milano, Milano 1973.

G.A. Dell'Acqua, *La pittura del Duomo di Milano*, Milano 1985.

E. Brivio, *Vita e miracoli di san Carlo Borromeo nei quadroni secenteschi del Duomo di Milano*, in "Quaderni erbesi", vol. XII, Museo Civico di Erba 1991.

Fotocolors:

Fototeca Veneranda Fabbrica
del Duomo di Milano

Impianti e stampa:

Boniardi Grafiche - Milano

Finito di stampare nel mese di Ottobre dell'anno 1995.